APERÇUS PHILOSOPHIQUES

SUR LES CLASSES DIVERSES COMPOSANT

LA SOCIÉTÉ FRANÇAISE

LA NOBLESSE.

Les dieux et la nature ont fait les hommes égaux,
Ils le sont en naissant, ils le sont au tombeau ;
Mais parmi les humains, qui créa la noblesse ?
Ce fut l'orgueil des uns, des autres la faiblesse !
Faveurs et priviléges, abus et distinctions,
Combien de maux nous dûmes à cette institution !
Par elle a commencé la distinction des races,
Des nobles le pouvoir, la misère des masses ,
On vouait par ces mots : de vassaux, de seigneurs,
Les uns à l'esclavage, et les autres aux honneurs.
De nos rois ignorants la coupable incurie,
A de riches sujets vendit la monarchie,
Leur céda pour de l'or les biens de la nation,
Titres, terres et châteaux, fiefs et juridiction,
On établit la dîme et la foule ignorante,
Du clergé, du seigneur, devient l'humble servante,
Et nos aïeux barbares et trop superstitieux,
Furent soumis dès lors à tous ces ambitieux,
Léguant à leurs enfants mille ans de servitude,
Les livrant pour toujours aux travaux les plus rudes.

Dès le dixième siècle en France on voit surgir,
Des droits qui sont créés pour les peuplss asservir ;
Leur nom est féodaux, la force les impoee,
La glèbe des humains fait un meuble, une chose.
On dépend du seigneur, lequel peut à son gré,
Vous vendre comme un meuble au fief incorporé,
Et tout fief emportant un droit héréditaire,
L'homme devient le serf de son propriétaire ;
Esclavage sans fin, qui vous marquait au front,
Outrage envers le ciel, crime et honte sans nom.
Grands, seigneurs, hobereaux rendant seuls la justice,
Condamnaient leurs vilains aux galères, aux supplices;
Comme ils en héritaient, leur malheureux enfants,
Chassés de leurs foyers devenaient indigents.
Le serf payait la dîme aux seigneurs et aux moines,
Qui se créaient ainsi un riche patrimoine,
Sans permis les vassaux ne pouvaient se marier,
Et sur le sol natal ils devaient expirer ;
Les nobles avaient encor d'autres droits sacriléges,
Oubliés de nos jours, qu'ils nommaient priviléges,
Onze cent trente sept vit rendre à nos cités,
Leur affranchissement, grâce à la royauté,
Opposant cet obstacle aux seigneurs feudataires,
Qui des rois absorbaient le pouvoir éphémère ;
Cet abandon se fit au moyen d'un rachat
Qui fut avantageux au roi et à l'État.
Le clergé, les seigneurs jusqu'à ce jour seuls maîtres,
Virent avec déplaisir la liberté renaître,
Née au sein de la France, ils prévoient qu'un jour
Parcourant tout le globe elle en fera le tour.
Les seigneurs à leurs serfs vendent aussi la franchise;
Des villes peu à peu le peuple s'organise,
A ses rois sert d'appui, élit ses échevins,
Compte dans la nation, le voilà citoyen.
Il a rompu ses liens, il a vu disparaître
Un esclavage odieux qui n'aurait pas dû naître.

Les cités ont des droits, des biens, des magistrats,
Les rois ont des subsides et l'État des soldats.
Mais jamais le clergé ainsi que la noblesse
Ne payèrent d'impôt à l'État en détresse.
Beaucoup d'abus en France ont, hélas! survécu.
Le monstre féodal, dans les cités vaincu,
S'enfuit dans ses donjons, portant dans cet asile
Les priviléges odieux que répudiaient les villes.
Pendant six siècles encor la France sommeilla,
Enfin le jour venu, la nation s'éveilla,
Et le droit de chaque homme après mille ans d'attente,
Fut alors proclamé par la Constituante.
C'est à quatre-vingt neuf, à la révolution,
Que notre beau pays doit sa libération.
Je vais à mes lecteurs, je vais faire connaitre,
Les vices et les vertus de nos ci-devant maîtres :
Il en fut quelques-uns d'un naturel humain,
Qui prenaient en pitié le sort de leurs vilains,
Et bien souvent aussi de bonnes chatelaines,
Visitaient leurs vassaux et soulagaient leurs peines ;
Bien des seigneurs encor, justes et compatissants,
Considéraient leurs serfs comme leurs propres enfants,
Au service public employaient leur épée,
Dans le sang ennemi ils l'ont souvent trempée.
Ils aimaient la nation, la gloire et l'honneur,
Pour elle ils combattaient sans reproches et sans peur;
Intrépides aux combats, jamais dans la victoire
Aucune cruauté ne vint souiller leur gloire,
Braves dans les revers comme dans les succès,
Ils tinrent haut le nom de chevaliers français.
Avec leurs inférieurs ils se montraient affables,
La civilisation en fit des hommes aimables,
Instruits et spirituels, protégeant les talents,
A les cultiver tous ils employaient leur temps.
Légers et généreux et galants pour les dames,
Comme les Preux jadis, ils respectaient les femmes,

Philosophes et chrétiens, leur affabilité
Créa, chez les Français, la bonne société.
Avec leurs serviteurs, ils étaient sans défiance,
Leur ruine fut souvent le fruit de leur confiance.
Employant leurs fortunes en hommes généreux,
Ceux qui les approchaient, s'en retournaient heureux.
On les vit de nos jours brisant leurs priviléges,
Renoncer sans regrets à des droits sacriléges.
Le peuple qui s'éclaire et tend à progresser
Combat tous les abus et les voit diminuer.
En se civilisant notre démocratie
Se confond tout entière avec la bourgeoisie.
Seuls, quelques nobles encor, guidés par l'interêt,
Voient en homme jaloux, du pays les progrès.
J'ai dit les qualités de l'ancienne noblesse,
Il me reste à narrer ses vices et ses faiblesses :
Jadis, abbés, seigneurs, donnaient aux paysans,
Les noms injurieux de vilains, de manants,
Façonnés à ce joug, plongés dans l'ignorance,
Ces vilains leur payaient de lourdes redevances ;
Abusant de leurs droits, sur leurs pauvres vassaux,
Ils absorbaient le fruit de leurs rudes travaux.
Dans leurs interêts seuls ils rendaient la justice,
Joignaient aux exactions des peines et des supplices.
Les nobles en général étaient fort ignorants,
Que de maux ont causés ceux qui furent méchants !
Ils pensaient déroger en apprenant à lire,
Par orgueil pour leur nom ne daignaient pas s'instruire ;
Pour leurs malheureux serfs, bien souvent inhumains,
Ils affectaient pour eux un suprême dédain.
Cet infame contrat du nom d'hommage lige
Rive un homme à sa chaîne et à servir l'oblige :
Prêtres, abbés, seigneurs, se faisaient ensencer,
Oubliant que l'encens pour Dieu seul doit brûler.
Vassaux et braconniers, qu'ils surprenaient en chasse
Au poteau, en prison expiaient leur audace.

Les nobles et le clergé avaient des droits égaux,
Le peuple étaient pour eux un enclume à marteau,
Sur laquelle ils frappaient par subsides et corvées
Avec dîmes, servages et fêtes réservées.
Vient le droit de cuissage et d'autres menus droits
Créés pour leurs plaisirs ; ils inspirent l'effroi,
Et leur triste justice illégale et sanglante
Pour le moindre larcin pendait une servante.
Les seigneurs, les abbés, serviles courtisants,
A la cour, aux boudoirs, allaient perdre leur temps ;
Nobles, grands et petits étaient sans cesse en guerre,
Et pour leurs intérêts ils ravageaient la terre.
Sur un dé, une carte, en effrénés joueurs,
Voyez-les compromettre et fortune et honneur,
Pour une courtisane, un mot, une folie,
Combien d'eux par le duel ont terminé leur vie.
Ils exigeaient aussi que vassaux et manants
Devant eux par respect, s'inclinassent en passant.
J'ai fait de la noblesse une fidèle histoire,
J'ai narré ses défauts, ses qualités, sa gloire :
Elle n'existe plus.... La loi du dix-neuf juin,
En dix sept cent nonante a proclamé sa fin.
Peut être, dira-t-on, qu'elle fut rétablie?
Oui, mais sans priviléges, elle est un corps sans vie !
Depuis, de nouveaux nobles ont été importés,
Chaque gouvernement en fait à volonté,
Crée des Majorats, donne des apanages,
Des croix et des honneurs... Malgré ces avantages,
On ne peut parvenir à la ressuciter,
Devant les droits de l'homme elle a dû s'incliner.
La noblesse a vécu.... La raison la détrône.
Les rois aux uns la vendent, à d'autres en font l'aumône.
Laissons comme un hochet les croix, les titres aux sots ;
Talents, vertus, honneur, formeront notre lot.
C'est en vain qu'on prétend que la noblesse oblige,
Cet adage ne peut lui rendre son prestige.

D'ailleurs le ridicule, en France souverain,
A prononcé sa mort... Adieu le droit divin.
Autres temps, autres mœurs, notre aristocratie
Se confond à présent avec la bourgeoisie.
Pour lui rendre la vie, en vain l'on fait des lois,
A ces puérilités le peuple n'a plus foi,
Nobles anciens ou nouveaux n'ont aucune importance,
Et chacun les regarde avec indifférence.
Ils sont, grâce au progrès, de simples citoyens.
C'est le peuple aujourd'hui qui fait les souverains.
La civilisation, les lois, les mœurs nouvelles,
Préservent les Français d'une odieuse tutelle ;
La vertu, la beauté et les dons de l'esprit
Passent avant la naissance et sont d'un plus grand prix,
Et Dieu, sans distinguer, les donne à tous les hommes,
Au pauvre, à l'ouvrier ainsi qu'au gentilhomme.
Les nobles de nos jours sont les bons sentiments,
Avec l'intelligence et tous les vrais talents ;
Car en France et ailleurs, la loi, raison écrite,
Donne des distinctions seulement au mérite.
Nous dirons aux humains : Suivez la loi de Dieu,
Pour lui, vous êtes égaux sur la terre et aux cieux.

BOURGEOISIE.

Par la révolution les trois ordres Français
Ensemble réunis, ont été un bienfait.
J'ai décrit la Noblesse et je prends fantaisie
De faire du second ordre, appelé Bourgeoisie,
Un récit abrégé assurant mes lecteurs
Qu'ils trouveront en moi un fidèle conteur.
En France le bourgeois est l'intermédiaire
Entre l'homme opulent et l'humble prolétaire,
Il n'a pas les besoins de l'homme malheureux
Et des heureux du siècle, il n'est pas envieux,
Il n'a pas cet orgueil que donne la naissance,
Lui qui jadis fut pauvre et connut la souffrance.
La classe des bourgeois que nous diviserons
En grande et en petite, avec un même nom,
Et les deux Bourgeoisies appelées à se fondre,
Devront, dans mon récit, bien souvent se confondre.
La première comprend tous les riches héritiers :
Gros marchands, magistrats, industriels, banquiers ;
La seconde, à son tour, se trouve composée
Des marchands au détail, aussi des classes aisées,
Dont les rentes suffisent à combler les besoins :
Employés, brocanteurs et courtiers y sont joints.
Tous ces petits bourgeois choisissent leur compagne,
Dans les petits commerces ou bien dans la campagne,
Le marchand au détail achète aux gros marchands
Des marchandises en bloc qu'au public il revend ;
Il se met en rapport par son commerce même,
Avec la société dont il voit les extrêmes :
Aux écoles publiques il reçut l'instruction,
Et dans les magasins fit son éducation.

Il fait de son trafic une constante étude,
Et quand par sa conduite et par son aptitude,
A faire une fortune, il a pu parvenir,
Du fruit de son travail il a droit de jouir.
Quant au riche bourgeois, homme d'initiative,
Il met à commercer toutes ses forces actives ;
Son jugement est sûr, il est entreprenant ;
Opère avec justesse et toujours sagement.
L'ouvrier a sa part de toutes ces fortunes,
Car l'homme entr'aide l'homme et leur cause est commune.
C'est l'esprit créateur des manufacturiers,
Qui donne du travail à tous les ouvriers.
Leur génie au pays procure la richesse,
Chasse la pauvreté, en bannit la paresse.
Les deux classes bourgeoises ont ainsi qu'on le voit,
A l'estime publique acquis les mêmes droits.
Avocats, médecins, clergé, magistrature,
Lettres, sciences, arts, commerce, agriculture,
Mille autres professions, dans l'une ou l'autre ont rang.
Soit d'après leurs succès, soit suivant leurs talents.
Je soumets aux lecteurs avec toute justice,
Leurs vertus, leurs défauts, leurs qualités, leurs vices.
Nous signalons d'abord ceux que l'amour du gain
Excitent à s'enrichir aux dépens du prochain :
Faux poids, mensonges, erreurs, sont des choses opportunes,
Quand il s'agit pour eux de faire une fortune ;
De marchands qu'ils étaient, ils deviennent usuriers,
Dissimulant le nom sous celui de banquiers.
Nos parvenus bourgeois se posent en gens capables,
Et font leurs importants, quoique fort peu aimables.
Leur orgueil attribue à leur capacité,
Un succès qui n'est dû qu'à leur rapacité.
D'autres auxquels le hasard a donné la richesse,
Veulent tout dominer, leurs prétentions vous blessent.
Ils affectent avec nous certains airs de grandeur,
Et traitent leurs égaux comme leurs serviteurs.

Pour tous ces parvenus le pauvre est bien coupable,
Car ils ne plaignent pas le font des misérables,
Avec eux sans argent, vous avez toujours tort,
Ils ont toujours raison grâce à leur coffre-fort.
Leur orgueil apparaît jusque dans leur démarche ;
Quel salut dédaigneux ils vous font lorsqu'ils marchent ;
Cet orgueil les conduits, quoique pauvrement nés,
A rechercher toujours les hommes fortunés ;
Ils s'en font les flatteurs pour les rendre accessibles,
Mais pour les misérables ils se montrent insensibes,
Dans le but d'imiter les riches, les puissants :
Ils donnent bals et fêtes, ils se montrent opulents.
Mais pour briller un jour s'ils doublent leurs dépenses,
Aux dépens du plublic ils feront la balance.
Leurs enfants élevés dans les grands pensionnats,
Deviennent industriels, médecins, avocats,
Guidés par l'intérêt les parvenus s'allient
Sans consulter le cœur aux plus riches familles.
Du passé oublieux, fiers de leur position,
Ils se donnent sans honte une noble extraction,
Ils créent un préciput, et, singeant la noblesse,
Ajoutent un nom de terre au nouveau droit d'aînesse ;
Gonflés d'un fol orgueil, se consument en projets,
Et puis se font dévots pour avoir un cachet.
Nos parvenus bourgeois, quand ils font des harangues,
A leurs dépens font rire en blessant notre langue ;
D'une vile souplesse avec leurs supérieurs,
Ils se montrent orgueilleux avec leurs inférieurs ;
Oisifs et sans talents, on les voit excentriques,
Suivre toutes les modes et parler politique,
Cela dans le but seul d'attirer l'attention,
De chasser leur ennui, d'égayer leurs salons ;
Leurs femmes les imitent, elles se font coquettes,
Dans l'espoir de briller par leurs riches toilettes.
Ces parvenus sont durs envers les malheureux,
Dont les travaux souvent en ont fait des heureux ;

Ils aiment les flatteurs, payent les flatteries,
Et cherchent à exciter des pauvres les envies.
S'ils ont une campagne, ils l'appelent un château,
Sont nommés fabriciens, prennent un nom de hameau,
Portent une croix quelconque, achètent un équipage,
Ont laquais galonnés, du luxe l'entourage.
Ces nouveaux gentilshommes, oublieux de l'honneur,
Pour tenir leur maison se font agioteurs,
Le malheur les atteint, ils ont fait fausse route,
Et ils finissent enfin par une banqueroute.
Dans mes portraits bourgeois, j'ai fait paraître à nu,
Tous les hommes vicieux, appelés parvenus ;
Sous vos yeux, à son tour, va passer l'honnête homme,
Le bourgeois plein d'honneur, que partout on renomme,
Sorti des rangs du peuple, il l'aime, il en convient,
De ses anciens amis toujours il se souvient ;
Humain et bienfaisant en voyant leur misère,
Son bon cœur est ému, tel est son caractère,
Il traite comme égaux ses frères malheureux,
Sans bruit les soulage et se tient pour heureux.
Econome et actif, par son intelligence,
Il conquit la Fortune, il se doit son aisance ;
Comme il sait que l'honneur touche à la profession,
Il met à l'exercer toute son attention,
En négociant honnête il vend sa marchandise,
Vous n'êtes pas trompé par d'ignobles feintises,
Mensonges, erreurs, faux poids, de chez lui sont pros-
Il jouit sans remords d'un honnête profit.
Toutes les professions, je n'en excepte aucune,
Peuvent en demeurant probes, atteindre à la fortune,
Chez lui l'économie est loin d'être un défaut,
Car il est généreux et paraît quand il faut :
Jamais chez ces bourgeois de futiles dépenses,
Sans luxe leur maison annonce l'abondance.
Jeunes encor au travail, leurs enfants sont formés,
A s'instruire, à tout faire, ils sont accoutumés ;

Leur argent vient en aide à notre agriculture,
Fait mouvoir nos usines et nos manufactures,
Aptes à tous les travaux, et négociants prudents,
Ils voient le succès répondre à leurs talents.
Le gain, la soif de l'or, jamais ne les domine,
Ils ne rougissent pas de leur basse origine,
Ils sont pour tous les pauvres, humains, hospitaliers,
Et se montrent équitables envers leurs ouvriers ;
Tous leurs succès sont dus à leur intelligence,
Enfin, des artisans ils sont la Providence.
En quittant les affaires, ainsi qu'ils l'ont promis,
Ils cèdent leur négoce au plus ancien commis,
Qui comme le patron est actif, économe,
Et fera à son tour le bonheur d'un jeune homme.
Retiré du commerce, encor plein de vigueur,
Le bourgeois généreux travaille pour l'honneur.
Il est tuteur des pauvres ou juge consulaire ;
Il achète, il souscrit, à sa fortune ont part,
Les savants qui s'adonnent aux sciences et aux arts.
Dans l'intérêt public il se livre aux affaires,
Par amour national il sert dans la milice,
En citoyen soldat, il remplit son service,
Dévoué au bon ordre, appui de la cité,
Son courage souvent sauva la société.
Par amour du prochain, par pure bienfaisance,
Il devient membre actif des bureaux d'indigence.
La musique, les arts occupent ses loisirs,
La culture des lettres entre dans ses plaisirs.
Instruit et spirituel, d'un caractère affable,
Il est en société d'un commerce agréable,
Régulier dans ses mœurs et d'un naturel doux,
Il est bon citoyen, comme il est bon époux.
Toutes les professions, en France, font partie,
Comme je l'ai fait voir, de nos deux bourgeoisies.
Savants, industriels, médecins et rentiers,
Au rang par eux conquis, s'y trouveront classés.

Mais aussi chaque jour, de la classe bourgeoise
Le pouvoir est plus fort, ses limites s'accroissent.
J'ai fini mes tableaux, il me reste maintenant
A lui prédire enfin l'avenir qui l'attend :
Jadis l'égalité à l'état de problême,
N'était au fond qu'un mot, il n'en est plus de même,
Les ordres réunis, les trois n'en font plus qu'un,
Les droits et les devoirs aux Français sont communs.
Tout citoyen heureux au pays s'intéresse,
Et l'union des travaux en double la richesse ;
On doit ce résultat à la révolution,
Qui réunit les hommes et fut un trait d'union.
Elle a joint pour toujours à la démocratie,
Les ordres provenants de l'aristocratie.
Enfin l'ordre bourgeois est le juste milieu,
Qui va de l'homme riche à l'homme malheureux ;
Dans ses goûts, dans ses mœurs et dans ses habitudes,
Chaque homme s'y rencontre avec ses aptitudes,
Des tyrans redoutés, cet ordre est le soutien,
Du pouvoir libéral et du républicain ;
Il montre en religion l'esprit philosophique,
Et en gouvernement l'esprit démocratique :
Des rois trop absolus, il brava le pouvoir,
Sauva la liberté qu'il a fait prévaloir.
France, ton avenir est dans la bourgeoisie,
Car de toutes les classes, elle a les sympathies.
Les bourgeois de l'État sont les vrais financiers,
Leurs impôts le soutiennent, ils sont ses créanciers ;
Disons que réunis, ils composent la masse
Qui de notre nation fait la force vivace.
Par l'argent, par le sol, dont ils sont possesseurs,
Du trésor de l'État, ils sont les pourvoyeurs ;
Ils en supportent aussi presque toutes les charges,
D'impôts toujours plus lourds, le pouvoir les surcharge.
Jurés, électeurs, maires et gardes nationaux,
De ces divers services ils portent le fardeau ;

Des talents et des arts, ils ont le monopole.
Leurs enfants sont instruits à nos meilleurs écoles,
Du barreau à l'armée ils donnent des sujets,
Deviennent magistrats, négociants et préfets.
Cultivant également les sciences et les lettres,
Sont poêtes, musiciens, et peintres et géomètres.
Font mouvoir les usines et sont chefs d'ateliers.
Ils sont, comme on le voit, propres à tous les métiers.
De la nation enfin, la bourgeoisie est l'âme,
Elle marche au progrès, toute gloire l'enflamme,
Elle fait son orgueil comme sa sûreté.
C'est d'elle qu'elle attend bien-être et liberté.
Le pouvoir absolu aime l'oligarchie,
Il sait qu'il faut compter avec la bourgeoisie,
Que toujours cette classe, appui de la nation,
Sollicita pour elle une constitution,
Car dans tous les États où l'on tient l'homme esclave,
Le progrès dans sa marche est entouré d'entraves.
Le constitutionnel de la loi défenseur,
Combat la tyrannie et tous ses oppresseurs.
Il aime la lumière, il craint l'obscurantisme,
Et dans la religion ne veut point d'ostracisme.
A tous la vérité... Pour mieux le gouverner,
Pourquoi tromper le peuple, il vaut mieux l'éclairer.
Il est superstitieux, exagéré, volage,
Aime le changement, à des instincts sauvages,
Son naturel léger est sujet à l'erreur,
Il faut que l'homme instruit lui serve de tuteur,
Empêche qu'on le trompe ou bien qu'on le suborne,
Qu'il mette à ses passions de légitimes bornes :
Par ses services, il prouve au pays rassuré,
Qu'il est bon citoyen autant qu'homme éclairé.
La classe intéressante ici par moi décrite,
Malgré tous ses faux frères a beaucoup de mérite.
Notre pays lui doit ses mœurs, son instruction,
Son esprit national, sa civilisation.
La gloire, la grandeur, l'avenir de la France
Sont dus à son courage et font sa récompense.

LES VILLAGEOIS

Ce récit est pour moi un simple amusement,
Je veux peindre à loisir l'habitant des campagnes,
Qu'un Français, né malin, a nommé paysan,
Depuis qu'on a soustrait ces enfants des montagnes
Au pouvoir du clergé et au joug seigneurial.
L'habitant de la ville, ainsi que ses ancêtres,
Descend des villageois, dont l'état social,
Les mœurs et les instincts sont utiles à connaître.
En France on voit encore quelques cultivateurs
Éloignés des cités, dont l'esprit sans culture,
Les rend aptes au travail, tels sont les laboureurs :
Simples dans tous leurs goûts, modérés, l'âme pure,
Ils sont de nos pays les premiers habitants ;
Leurs labeurs enrichissent un sol qui les vit naitre,
Dieu sans doute a voulu qu'ils vécussent ignorants
Pour consacrer leur vie à des travaux champêtres,
Le soleil, un beau ciel, réjouissent leurs yeux,
Suffisent à leur bonheur, l'âme et le corps s'épurent ;
Vivants sans ambition, ils sont toujours heureux
Comme l'enfant qui suit les lois de la Nature.
A tous les misérables ils font la charité,
La douceur de leurs mœurs les rend doux et sensibles,
Leur chaumière est ouverte à l'hospitalité,
Cette vie des champs qui fait l'âme paisible,
Au bonheur les conduits jusque dans leurs vieux ans ;
Exempts d'inquiétudes, exempts de maladies,
Ils lèguent à leurs fils leurs vertus en mourant :
Voilà pour l'homme sage, un sort digne d'envie.
J'ai peint le villageois, exempt de corruption,
Race qui chaque jour disparaît et s'efface,

Le rustre, enfant bâtard de la révolution,
Que l'intérêt conduit, de nos jours le remplace.
Je vais peindre à son tour le nouveau campagnard
Qui grandit au village et vient peupler nos villes :
Il est demi lettré, rusé et goguenard,
Cupide, plein d'orgueil, sans foi, méchant, servile.
Véritable métis en civilisation,
Il pense tout savoir par cequ'il sait écrire.
Lassé de labourer, fier de son instruction,
Pour habiter la ville où le luxe l'attire,
Il quitte la charrue et se fait ouvrier ;
Aussi, le voyons nous désertant ses montagnes,
Venir dans les cités remplir nos ateliers,
Y portant avec lui ces vices de campagnes.
Plongé dans les désordres et livré aux passions,
Il perd tout le savoir qu'aux écoles gratuites,
Il puisa jeune encor ; voilà son instruction
A savoir épeler, qui se trouve réduite.
Lorsqu'il est instruit, écoutant ses instincts,
C'est l'immoralité qu'il cherche dans un livre,
Sans souci de l'honneur il fait tout pour le gain,
A tous les vices honteux sans remords il se livre ;
Il a perdu les dons qu'en naissant il reçut,
Mais parmi les méchants il passe pour habile,
Dans l'ignorance né, heureux il eut vécu,
Il fallait l'y laisser, philantropes inhabiles.
Il est des qualités communes aux villageois,
Elles naissent avec eux, en venant à la ville,
Ils les laissent au village avec leur bonne foi ;
Cela prouve combien la vertu est fragile.
Ils sont plein d'ambition, il leur faut accaparer
Ils montrent à tout propos une avarice extrême,
A cet effet sur tout, ils cherchent à épargner
Leur lésine s'étend sur leur personne même.
Les paysans n'ont qu'un but, celui de s'enrichir,
Ils amassent toujours, leur main jamais ne donne.

Ils sont durs pour les pauvres, enfin n'aiment personne.
Prendre le bien d'autrui entre dans leurs plaisirs,
Aussi désirent-ils de leur voisin la ruine,
Dans l'espoir d'obtenir, aux enchères, à vil prix,
Les terres et les maisons qui des leurs sont voisines ,
C'est à faire le mal qu'ils mettent leur esprit.
On fait venir des champs, ces hommes impitoyables
Qui frappent sans pitié de malheureux cheveaux.
Sans motifs, sans égards au poids qui les accable,
Ils ont bien moins d'instinct que ces nobles animaux ;
Ces cruels traitements se passent dans nos villes,
Au mépris d'une loi qui reste sans action.
Leur cruauté la brave et ces rustres insensibles,
Font rougir le pays devant la fière Albion.
Si pour devenir riches ils font preuves de ruses,
Ils se montrent en culture arriérés de cent ans.
Des nations les progrès à nos yeux les accusent,
Pourquoi persistent-ils à rester ignorants ?
Anglais, Suisses, Chinois leur ont montré l'exemple,
Les Allemands, les Belges ont aussi progressé.
Est donc clos pour eux, de Cérès le beau temple.
L'homme recule alors qu'il n'a pas avancé.
Notre révolution avec ses bénéfices,
Se fit en leur faveur, pour elles ils furent ingrats,
Ils ne lui firent pas le moindre sacrifice,
Exigeant tout pour eux, jamais rien pour l'État.
C'est à quatre-vingt-neuf, d'immortelle mémoire,
Qu'ils doivent pour toujours leur affranchissement,
Ils en cueillent les fruits, qu'on lise notre histoire.
Jadis ils étaient serfs, ils sont maîtres à présent,
Ils ont été soustraits aux dîmes et aux corvées
Qu'imposait aux vilains le droit seigneurial,
Ainsi qu'aux longs repos de cent fêtes chômées,
Que leur faisit subir le joug sacerdotal.
Des hommes généreux, nobles enfants de la France,
Qui sont tous morts, hélas! pour notre liberté,

Les firent recevoir par leur mâle éloquence,
Aux droits de citoyens, par rang d'égalité,
Pour tous leurs bienfaiteurs remplis d'ingratitude,
Ils sont sans souvenirs, oubliant les bienfaits,
Du passé les leçons, leur longue servitude,
Ils veulent tout pour eux, c'est ainsi qu'ils sont faits.
Le pouvoir imposa, en des temps de misères,
Le frein du maximum aux paysans inhumains,
Qui vendaient chèrement leurs denrées à des frères
Les ayant rendus libres, et qui manquaient de pain.
Fermiers, cultivateurs, font de gros bénéfices,
En vendant à la ville, à chacun leurs produits,
Qu'ils changent contre argent, aussi tous s'enrichissent :
L'ordre joint au travail au succès les conduit.
D'autres villageois cèdent à l'appât des richesses
Et quittant leur village, ils viennent à la cité
Chercher l'or, les plaisirs, mais bientôt la détresse,
Détruit leurs illusions par la réalité.
A ces hommes ruraux le Destin nous enchaîne,
Nos villes de leurs fils vont toujours se peuplant.
Pour nous, veiller sur eux, c'est faire une œuvre humaine,
Conduisons-les au bien en les moralisant.
Pendant que l'anarchie envahit tout en France,
Nous voyons progresser tous les peuples du Nord.
Seul, le peuple gaulois, tombé en décadence,
Des Romains et des Grecs va-t-il subir le sort ?
Non ! espérons toujours, préparons la victoire,
Combattons les doctrines et les hommes tarés,
Plaies de la patrie... et nous aurons la gloire
D'avoir rendu la paix au pays rassuré.

LE PEUPLE

Le peuple, à mon avis, c'est toute la nation,
L'homme sage jamais ne fit de distinction,
Savants, industriels et jusqu'aux fonctionnaires,
Chacun dans un État au tout est nécessaire.
Quelques hommes jaloux, dénués de tous biens,
N'admettent pas le riche au rang de citoyens,
La nation, disent-ils, d'eux seuls tire sa gloire,
Pensent-ils, ces messieurs, refaire notre histoire ?
Non ! mais ils ont pour but, en déclamant ainsi,
D'arriver au pouvoir pour gouverner aussi.
Ils flattent les passions de la foule ignorante,
C'est pour la dominer qu'ils s'en font la servante.
A leur dire, ils ont seuls toutes les qualités,
Il n'est point de vertus, hors de la pauvreté ;
J'espère leur prouver qu'à dessein ils s'égarent,
Que Dieu a réuni ce qu'en vain ils séparent.
Que ferait l'artisan sans manufacturier,
L'industriel conçoit ce que fait l'ouvrier,
Le savant, l'écrivain, sont à la librairie,
Comme un dessinateur est à la broderie.
Banquiers, capitalistes ont aussi leur valeur,
Car l'argent, du commerce, est le premier moteur ;
Lettres, sciences et arts, génie, agriculture,
Concourrent au même but, car tout dans la Nature,
Et s'enchaîne et se tient ; oui, chaque profession,
Entr'eux lie les hommes et forme leur union.
D'où part, leur dirons-nous, votre démocratie,
Où finit donc cet ordre appelé bourgeoisie ?
Tous égaux en naissant, nous le sommes au trépas,
Je suis enfant du peuple et je n'en rougis pas.

Le peuple en religion donne dans les extrêmes,
Un jour il prie Dieu, un autre il le blasphème,
L'amour de l'idéal le rend superstitieux,
Donnez-lui le bien-être, il sera religieux.
Pour moi et pour le ciel tous les hommes sont frères,
Qu'ils se nomment bourgeois, ouvriers, prolétaires.
Permettez, chers lecteurs, à mon faible pinceau,
De vous faire du peuple un fidèle tableau :
Le peuple, en général, a l'âme charitable,
Il aide, autant qu'il peut, ses frères misérables,
Déjà, pauvre en naissant, et au malheur lié,
Pour tous les malheureux il sent de la pitié.
L'argent durcit le cœur, l'homme dans l'indigence,
Ne peut voir sans pâlir, de l'homme la souffrance ;
Le Peuple se souvient, reçois-t-il un bienfait,
Il est reconnaissant pour le bien qu'on lui fait.
Du pauvre il a pitié ; cette compassion prouve
Qu'il est sensible aux maux que lui-même il éprouve.
Actif à son travail, bon père, bon époux,
Austère dans ses mœurs et simple dans ses goûts,
Il est ami du vrai, chez lui nulle feintise,
Il dit son sentiment dans toute sa franchise.
Sachant qu'à sa naissance il doit sa pauvreté,
Il respecte le riche, il en est respecté ;
Soumis à tous ses chefs, et contre eux sans envie,
Souvent pour les sauver il exposa sa vie.
Sa valeur au combat prouve qu'il est Français,
Son caractère affable à tout le monde plaît.
Choisir pour ses enfants d'honnêtes professions,
Est pour l'ouvrier un sujet d'ambition,
Son travail a pour but de conquérir l'aisance,
Et d'assurer ainsi sa propre indépendance,
Enfin à la maîtrise il parvient à monter,
Il a su obéir, il saura commander.
A force de travaux, et par son seul mérite,
Il a changé son sort, chacun l'en félicite ;

Avec ses camarades il n'est pas orgueilleux,
Son cœur reste le même en devenant heureux.
Honnêtes travailleurs je vous ai fait connaître,
Les méchants, à leur tour, devant nous vont paraître :
Sous vos yeux passeront leurs vices, leurs défauts,
Ils les ont presque tous : c'est un triste tableau ;
Ils sont jaloux des riches et contre eux se déchaînent ;
A décrier leur luxe, ils exhalent leur haine ;
Cependant on les voit, lorsqu'ils ont de l'argent,
Prendre mêmes plaisirs, mêmes vêtements ;
Bien souvent ils ajoutent à leur jalouse envie,
La lâche médisance avec la calomnie.
Malgré leur pauvreté, ils sont très orgueilleux,
Sans frein dans leurs passions, presque en naissant vicieux,
Ils se livrent aux débauches, emploient à cet usage,
Les ressources, les gains destinés au ménage ;
Leurs enfants et leurs femmes, accablés par l'ennui,
Contre leur pauvreté restent, hélas ! sans appui ;
Des injures et des coups ajoutent à leur misère,
Sous leurs maux ils succombent et leur santé s'altère :
Sans pain, sans vêtements, hélas ! s'ils ont vécu,
C'est grâce aux charités, aux dons qu'ils ont reçus.
Ces hommes pervertis, en troublant le bon ordre,
Espèrent s'enrichir au milieu des désordres ;
Tous d'un commun accord, dans leur perversité,
Accusent de leur sort et de leur pauvreté,
Ceux dont les longs travaux ont conquis la fortune,
Et leurs heureux succès excitent leur rancune.
Le riche, sachez-le, arrivé aux loisirs,
Du fruit de ses labeurs peut rarement jouir.
Vous enviez son sort ? Eh ! laissez votre envie,
Comme lui au travail consacrez votre vie.
Si l'ouvrier trop jeune est livré aux travaux,
Il doit à ses ancêtres attribuer ses maux,
Qui sans frein, oublieux, déjà dans la misère,
Se sont trop adonnés aux plaisirs de Cythère,

On fait beaucoup d'enfants ; ne pouvant les nourrir,
A la pitié publique il fallut recourir.
Ils ne peuvent donc pas, dans leur misantropie,
Accuser les heureux du malheur de leur vie,
Puisque de père en fils, fidèles aux mêmes lois,
Ils ont de leurs passions trop écouté la voix.
Je fais mêmes reproches aux habitants champêtres,
Dont les désirs charnels consacrés par nos prêtres,
Encombrent nos cités de leurs nombreux enfants,
Qu'ils devraient bien garder pour cultiver les champs.
Des bourgeois, la raison, en pareil cas les guide.
Contre l'intempérance, elle leur sert d'égide,
Autrement, l'univers, d'habitants surpeuplé,
Par la famine alors se verrait dépeuplé.
Leur santé se détruit par leurs excès, leurs vices,
Et ces hommes encor jeunes, à l'hôpital finissent,
En laissant après eux leurs pauvres femmes en pleurs,
Des enfants qui s'étiolent à force de labeurs.
Il est bon de savoir l'objet de leurs demandes :
Je veux faire connaître à quel but leurs vœux tendent.
Les citoyens en France ont tous les mêmes droits,
Et ils sont comme égaux, soumis aux mêmes lois.
Non satisfaits, naguère, ils dirent à leur tribune
Qu'ils voulaient être aussi tous égaux en fortune,
Que depuis trop longtemps ils sont déshérités,
Qu'il faut faire cesser cette inégalité.
Dieu créa, dirons-nous, diverses intelligences,
Pour nous prouver ainsi qu'il fait des différences ;
Avec ces utopies, ils bercent leurs désirs,
Ils ne verront jamais leurs rêves s'accomplir.
L'ouvrier, disent-ils, doit être égal au maître,
Et pour devenir riche, il doit suffire de naître,
Ces sophismes, du ciel ne changeront pas les lois.
Chaque chose, à présent, marche comme autrefois,
La foule est dans l'erreur pour cause d'ignorance.
Ses chefs, pour se créer une belle existence,

Changer leur position, gouverner à leur tour
Leurs frères restés pauvres après comme toujours,
Talents, beauté, esprit, de tous font le partage,
Pauvres et riches ont des droits à ce bel héritage.
Nous avons l'instrument, sachons nous en servir,
C'est le meilleur moyen pour qui veut parvenir.
Depuis quatre-vingt-neuf, le citoyen en France,
Peut arriver à tout par son intelligence,
Car s'il a du talent et de l'activité,
Il sortira glorieux de son obscurité.
L'indolent, l'homme oisif se bornent à désirer.
Qu'ils sachent qu'on n'a rien sans beaucoup travailler.
Le peuple espère et vit dans une erreur profonde,
Car sur des illusions son fol espoir se fonde.
Le Ciel dans sa bonté, nous trace le chemin.
Le bonheur, il départ à chacun des humains ;
Pourquoi, dit-on, fit-il ces hasards de naissance,
Et parmi les esprits si grandes différences ?
C'est son secret... Il faut, soumis à ses arrêts,
Du Dieu de l'univers adorer les décrets ;
Du peuple le bon sens, qu'un vain espoir déroute,
Lui dira quelque jour qu'il a fait fausse route.
Leur destin est pareil, prolétaires ou bourgeois,
Ne sont-ils pas régis par de communes lois ?
Prolétaire est de fait le bourgeois sans fortune,
Est bourgeois l'artisan, alors qu'il s'en crée une.
Travail, intelligence, esprit, activité,
Sont répartis à tous par la divinité.
Libre alors à chacun d'en faire un bon usage.
Notre bonheur, nos maux, sont ainsi notre ouvrage.
La justice de Dieu dans sa distribution,
Montre pour tous les hommes une égale affection.
Paysans, citadins, jadis dans la détresse,
Arrivent chaque jour aux grandeurs, aux richesses,
Alors qu'ils s'abandonnent aux professions, aux arts,
Pour lesquels ils sont nés, sans courir des hasards.

Dieu, reconnaissons-le dans sa sollicitude,
Créa chacun de nous avec son aptitude,
Et le fol ambitieux qui veut s'en écarter,
Dans sa route, perdu, finit par trébucher.
Tous les peuples n'ont pas ces brillants avantages ;
Quelques-uns seulement, entre eux se les partagent ;
Etats parlementaires, États républicains,
Seuls, vous êtes l'honneur, l'espoir du genre humain.
Chartes, constitutions et libertés publiques,
Furent enfin obtenues par des peuples énergiques,
Et l'homme put montrer l'esprit et les talents
Que la nature donne à chaque homme en naissant.
La noble émulation anime le mérite,
Par elle, à réussir, chacun de nous s'excite,
Aussitôt que l'accès aux sciences et aux arts
Est ouvert à la foule, elle y vient prendre part.
Villageois, citadins, privés d'intelligence,
Vous ne pouvez de Dieu nier la Providence.
Car en vous créant tels, la nature a permis,
Que la force chez vous, vint remplacer l'esprit ;
Ainsi, au bien commun, chacun de nous se prête,
Les uns avec leur bras, les autres avec leur tête.
L'homme spirituel est fait pour commander,
L'ignorant sous ses ordres apprend à travailler.
Tous dans ces conditions, conformes à leur naissance
Trouveront le plaisir, le bonheur et l'aisance.
Fabricants, villageois, que l'intérêt conduit,
Vendent plus chèrement, chaque jour leurs produits.
Fermiers, propriétaires, ont de grands bénéfices,
En vendant aux cités, ces messieurs s'enrichissent ;
Nous voyons chaque jour, parcourant nos chemins,
Le villageois en char, à pied le citadin.
La nature pour tous se montrent bonne mère,
Sa balance est égale au ciel et sur la terre,
Et l'on voit l'artisan succéder au patron,
Comme lui s'enrichir aux mêmes conditions.

Institutions et lois aux pauvres favorables,
S'efforcent d'alléger le sort des misérables ;
Dieu fit tout pour le mieux, chaque homme a son bonheur
Nous le cherchons bien loin... il est dans notre cœur.

FIN.